LE

RÉGIME COLONIAL

RÉSUMÉ ET JUGÉ

PAR

DES PÉTITIONNAIRES DE LA MARTINIQUE.

> Je ne veux pas que les
> colonies périssent.
>
> NAPOLÉON III.

Février 1866.

A MESSIEURS LES DÉPUTÉS AU CORPS LÉGISLATIF.

Le Régime colonial résumé, précisé et jugé par des pétitionnaires de la Martinique au Sénat.

M. le baron de Lareinty, délégué de la Martinique, un des principaux propriétaires en cette île, ayant étudié, sur les lieux mêmes, le régime qui convient le mieux à nos possessions d'outre-mer, a, l'année dernière, présenté au Sénat une pétition, sur le sort de laquelle il n'a pas encore été prononcé par la haute assemblée, ayant pour objet de demander l'assimilation des colonies à la Métropole.

Dans cette pétition, l'honorable délégué établit de la manière la plus incontestable le droit des habitants des colonies à être traités comme les autres enfants de la France, et fait justice des appréhensions de certains esprits inquiets qui, tout en condamnant formellement le régime par trop exceptionnel sous lequel nos colonies gémissent, hésitent encore à vouloir les faire rentrer dans le droit commun, sauvegarde des intérêts de tous.

Cette pétition a été, de la part des habitants de la Martinique, l'objet de nombreuses adhésions, qui prouvent surabondamment que M. le baron de Lareinty connaissait mieux que personne l'esprit public de nos Antilles. Et, ce qui est digne de remarque, au nombre des adhérents à sa pétition au Sénat, on voit figurer, en première ligne, les habitants de la Martinique qui, par leur situation de fortune, leur intelligence, leur instruction et leur naissance, composent l'élite de la Société coloniale.

C'est que, plus intéressés que les autres au maintien de l'ordre et de la concorde entre les diverses fractions de la population, ils ont compris que le seul moyen d'y parvenir était que tous fussent traités en *citoyens français*; que, participant proportionnellement aux charges communes, ils devaient, par application des principes affirmés par le gouvernement impérial, exercer les mêmes droits.

Honneur à ces hommes courageux et loyaux qui ont ainsi spontanément revendiqué pour tous, les droits primordiaux, que garantit à chacun la constitution du 12 janvier 1852.

Leur impulsion n'a pas été sans écho, et, au moment où la majorité du Corps législatif appelle l'attention du gouvernement sur la triste situation de nos colonies et revendique pour elles l'application du droit commun, il ne sera pas sans utilité de faire connaitre le texte d'une pétition au Sénat que des habitants de la Martinique, en dehors de leur adhésion à la pétition de M. le baron de Lareinty, se proposent d'adresser également à cette haute assemblée, et que nous trouvons dans la feuille la plus considérable de nos possessions d'outre-mer, le journal les *Antilles*, de la Martinique.

Nous la transcrivons ici, non-seulement parce qu'elle est la démonstration la plus évidente que le délégué de la Martinique était dans le vrai en déposant sa pétition au Sénat, mais aussi, et surtout, parce que sa simple lecture initie à la question coloniale si peu connue en France.

Voici le texte de cette pétition :

« MESSIEURS LES SÉNATEURS,

Les soussignés, habitants des colonies françaises et sujets de l'Empereur, viennent réclamer près de vous les droits et les bénéfices du régime légal de la France.

Ils réclament, avant tout, un droit qui résume et garantit tous les autres, celui de participer à la représentation nationale, de prendre part à la discussion et à la gestion de leurs propres intérêts aussi bien que des intérêts nationaux, d'être traités enfin comme vos concitoyens et non plus comme des étrangers.

Ce n'est pas la première fois que les habitants des colonies s'adressent, dans ce but, aux pouvoirs de l'Etat. Mais s'ils n'ont pas obtenu d'abord les résultats qu'ils avaient lieu d'attendre, ils ne s'en prennent qu'aux événements qui les ont tenus séparés de la France au moment décisif des principales transformations que sa politique, son régime administratif, et même son industrie ont subies depuis 1789.

Convaincus néanmoins, Messieurs les Sénateurs, qu'il n'existe entre eux et la mère-patrie qu'un malentendu temporaire sur certaines questions, les habitants des colonies, quels que soient leurs maux, ne se laissent point aller à d'injustes récriminations, mais une espérance non moins énergique leur prescrit des devoirs qu'ils sauront remplir.

Ils croient que leurs intérêts légitimes, comme producteurs, sont sacrifiés; que leurs droits, comme citoyens, sont souvent méconnus.

Ils croient que ces droits et ces intérêts, justifiés par les principes essentiels de la politique et de la civilisation générale, sont intimement liés à la nationalité française par les traditions de l'histoire et par les exigences d'un état social qui commande à la France de conserver et d'étendre ses domaines d'outre-mer et de compléter de plus en plus sa puissance militaire par sa puissance navale.

Ils savent aussi que c'est quelquefois à l'intérêt sacrifié qu'il appartient de chercher et de trouver les voies de sa réintégration.

Ils vous demandent en conséquence, Messieurs les Sénateurs, la permission d'exposer l'ensemble de leur situation et d'indiquer les voies de salut qui peuvent leur être ouvertes, afin que vous soyez mis en mesure d'apprécier d'avance quel usage leurs mandataires feraient des pouvoirs qui leur seraient confiés le jour où la sagesse de l'Empereur, provoquée par votre bienveillante intervention, les associerait à tous les avantages inhérents à la qualité de français.

L'esprit de la France, après tant de révolutions, Messieurs les Sénateurs, n'est plus un esprit de violence et de dépossession ; c'est l'esprit d'ordre, de travail et de progrès qui concilie les intérêts anciens avec les intérêts nouveaux, qui ne sépare pas le bien-être d'une classe de celui d'une autre classe, qui réalise en toutes choses et pour tous les hommes le bénéfice de l'égalité devant la loi.

Les habitants des colonies françaises ne forment qu'un vœu, c'est que les difficultés de leur situation soient réglées d'après les mêmes principes. Ils suivent attentivement la conduite du gouvernement central dans toutes les affaires et dans toutes les transactions qui touchent aux intérêts de la France continentale, et c'est parce qu'ils ont reconnu, dans toutes les circonstances de ce genre, sa modération, son respect de tous les droits, sa bienveillance devant toutes les prétentions, même les plus exagérées, qu'ils se croient autorisés, comme enfants de la même patrie, à réclamer pour eux une égale sollicitude.

Dans la position actuelle des colonies, il n'y a pas seulement des questions accessoires ou de détail ; toutes les questions soulevées sont des questions principales. Tous les intérêts sont mis en cause : le régime politique et administratif, le système de production, celui des douanes et des impôts, le libre-échange. Toutes ces choses étaient liées dans l'ancien système colonial ; toutes ces choses sont liées dans les atteintes que ce système a subies et dans la décadence qui en est la suite ; toutes ces choses doivent demeurer liées dans l'esprit des hommes d'État qui s'occupent de la destinée des Colonies, quelle que soit d'ailleurs la variété de leurs opinions. Les intentions et les principes peuvent différer, mais le cercle des questions est le même pour tous.

Impossible de se le dissimuler, Messieurs les Sénateurs, tout menace ruine dans ces contrées naguères florissantes, qui n'ont poussé des cris de détresse que pour ne pas pousser des cris d'oppression. Et pourtant, les ressources de ces contrées, bien loin d'être épuisées, s'accroîtraient dans une progression indéfinie, si la sécurité pouvait y renaître. Aujourd'hui la valeur vénale de la propriété se ressent du bas prix des sucres, les capitaux sont rares, l'esprit d'association et d'industrie est paralysé, tous ceux qui ont moyen de disposer de quelques ressources les réalisent et abandonnent le sol que ces richesses accumulées pourraient et devraient féconder.

Dans les choses politiques, comme dans les affaires privées, cette instabilité est le plus grand de tous les maux.

Le premier effet d'une sollicitude efficace de la part du gouvernement français serait donc de soumettre à un examen approfondi l'ensemble du régime actuel de ses colonies, et de s'enquérir définitivement s'il existe un mode d'organisation coloniale compatible avec les institutions nouvelles de la France, ou si le peuple qui possédait autrefois le Canada, la Louisiane, et la Guyane depuis l'Orénoque jusqu'aux Amazones, doit se résigner à l'abandon de ce qui lui reste encore,

Ce ne serait qu'une solution de désespoir et les habitants des colonies ne voudraient pas y arrêter leur
pensée. La France le veut encore moins, car la civilisation ne se renie pas elle-même. Or, *coloniser* ou *ci-
viliser*, c'est au fond la même chose. Toute société
viable doit se proposer un but d'extension et propager
au dehors le principe de sa vie. Il n'y a que les nations
frappées de stérilité qui ne colonisent pas. Les peuples
anciens ont colonisé par la conquête; les nations mo-
dernes doivent coloniser par le commerce et l'industrie, c'est-à-dire répandre au dehors l'exubérance de
leurs capitaux, de leurs bras, afin de créer la richesse
et la population là où elles n'existent qu'imparfaite-
ment; au milieu des ruines amoncelées par la guerre
civile et par la guerre étrangère, la France a dû songer
d'abord à réorganiser son gouvernement et son industrie, à coordonner et à condenser, en quelque
sorte, tous les éléments de la nationalité. Le moment
arrive pour elle de refaire ses colonies à son image,
c'est-à-dire d'après l'esprit de ses nouvelles institutions.

Il est en effet de principe que les colonies en état de
prospérité sont presque toujours une reproduction du
système social de la mère-patrie. Avant 1789, la réci-
procité la plus complète était la base des rapports de la
France continentale avec la France d'outre-mer. Notre
puissance coloniale s'est développée plus particulière-
ment sous Louis XIII, Louis XIV, Louis XV et Louis
XVI. Le cardinal Richelieu était actionnaire de la première société qui s'organisa pour coloniser notre Martinique. A cette époque, le roi de France décidait, en son
Conseil privé, toutes les affaires générales du royau-
me; la justice était rendue par des cours souveraines;

la paroisse et le château formaient le premier degré
des circonscriptions locales; le domaine territorial et
patrimonial était insaisissable et demeurait à toujours
indivis; le cultivateur était serf; la loi du travail était
le monopole réglementaire. A cette époque aussi, un
gouverneur pour le roi décidait, en son Conseil privé, toutes les affaires générales des colonies; la justice
était rendue par des cours souveraines; l'assemblée
de paroisse formait la commune et le propriétaire
d'habitation en était le chef sous le nom de commis-
saire-commandant; le patrimoine colonial était indivis
et insaisissable; le cultivateur était esclave; les colonies consommaient exclusivement les produits de la
mère-patrie, tandis que celle-ci leur réservait sur son
marché le monopole des marchandises dites *denrées
coloniales*.

Aussi la similitude était entière entre les deux systè-
mes sociaux, et, en vertu de cette parfaite analogie
d'institutions, la convocation des Etats généraux dut
amener dans l'Assemblée constituante les représentants
des colonies. La division date de ce moment.

L'Assemblée constituante déclara que les colonies
seraient soumises à un régime particulier. La Révolution avait trop à faire chez elle pour songer à passer
l'Atlantique. Cependant le décret de la Constituante
n'empêcha pas la Convention d'envoyer des Commis-
saires dans toutes les colonies. Ils y apportèrent l'anar-
chie et la guerre civile; mais tout se termina bientôt
par la conquête.

Durant ce temps, la métropole avait complétement
renouvelé son état social. La souveraineté avait plusieurs
fois changé de mains, ainsi que de principe. La pa-

roisse était devenue la commune ; la propriété territo-
riale avait été divisée ; la saisie immobilière, admise
dans le Code civil ; le serf était émancipé ; le régime de
libre concurrence avait succédé au monopole. Ces
changements ne furent point introduits dans les colonies dont la France obtint la restitution à la paix d'A-
miens. Elles demeurèrent soumises à un régime exceptionnel qui se prolongea pendant toute la durée de
l'occupation étrangère. La conquête acheva la rupture
qui s'était déjà opérée, et la politique de l'Empire, exclusivement continentale, fit considérer comme défini-
tive la ruine de la puissance maritime de la France.

En 1814, la France avait donc oublié ses colonies.
La Charte régla sommairement leur destinée et crut
les mettre à l'abri des dangers des innovations en dé-
clarant qu'elles seraient régies par des règlements par-
ticuliers. Pourtant ce régime particulier, en même
temps qu'il maintenait à l'égard des colonies le monopole et les prohibitions qui existaient en faveur des
productions et des industries de la mère-patrie, ne
pouvait pas les soustraire à l'action de la liberté de la
presse et de la tribune, non plus qu'à la concurrence
qu'elles rencontraient sur les marchés français, soit par
le privilége du sucre de betteraves, soit par l'abaisse-
ment successif des tarifs pour toutes les denrées étran-
gères. En un mot, l'ancien système était maintenu quant
aux priviléges de la métropole, et entièrement détruit
quant aux droits les plus irrécusables des possessions
d'outre-mer. L'industrie coloniale, entravée dans son
développement par des prohibitions qui la restreignaient
aux travaux les plus élémentaires de l'agriculture, voyait
en outre ses produits traités à la douane comme marchandises *exotiques*, entièrement opprimés dans leurs

rapports avec les autres produits français et mal pro-
tégés à l'égard de la concurrence étrangère.

C'est là de l'histoire, Messieurs les Sénateurs, l'histoire d'hier et dont nous ressentons aujourd'hui encore
les funestes effets.

La révolution de 1830 n'a point non plus arrêté les
exigences sans compensations de la liberté commer-
ciale. Elle a même précipité le mouvement des réformes de toutes espèces, mais toujours au point de vue spé-
cial de la séparation des colonies d'avec la Métropole.
Sans doute, ces réformes n'auraient pas rencontré les
mêmes obstacles, si elles s'étaient toujours opérées à
la suite d'un grand développement de travail et d'édu-
cation morale, si elles avaient été appliquées suivant
les principes de la justice distributive, et si, enfin, les
droits politiques et de la nationalité, dont ils réclament
aujourd'hui l'exercice, n'avaient pas été refusés aux
Français d'outre-mer, à ceux-là mêmes qui ont porté
jusque sous l'équateur et dans la mer des Indes le langage, les mœurs et l'industrie de la France.

En ce qui concerne le gouvernement actuel, Messieurs les Sénateurs, vous le savez, les deux Chartes de
1814 et de 1830 n'ont été modifiées qu'en quelques
points qui continuent précisément à maintenir les colonies hors du *droit commun*. Leur régime actuel les
place, suivant le degré d'importance des matières, entre
le Sénat, agissant dans la plénitude de ses pouvoirs, et
l'Empereur assisté de son conseil d'Etat; mais elles sont
hors du système de liberté de la constitution française :
elles n'ont pas de *représentants*. Leur représentation
consiste en un comité consultatif de délégués siégeant

au ministère de la marine, et nomme *trois membres* par elles-mêmes et *quatre* par le ministre de la marine. Ce conseil, qui ne peut opposer à la publicité de la tribune que des conférences à huis-clos, n'a pas d'autre ressource contre la puissance parlementaire des intérêts rivaux que le droit d'observation porté aux cabinets des ministres ou confié à des missives officieuses.

L'état d'épuisement des colonies est là, Messieurs les Sénateurs, pour déposer des conséquences de ces différents régimes; les plaintes universelles des Français qui les habitent témoignent des déceptions qu'ils en ont éprouvées et qu'ils en éprouvent encore. Comment une bonne organisation aurait-elle produit de mauvais résultats, et si les résultats sont mauvais, comment admettre que l'organisation soit bonne?

Que peuvent donc faire, Messieurs les Sénateurs, les Français d'outre-mer, sinon de rejeter, comme un présent funeste, une exception qui leur a été offerte comme un bénéfice et qui se résout en une véritable mise hors la loi? Que peuvent-ils souhaiter, sinon d'entrer dans le droit commun, de s'associer aux institutions de la Métropole au lieu d'en être séparés, de se mettre à l'abri des principes conservateurs de l'Empire français : égalité devant la loi, maintien ¡de l'ordre et du travail, respect de la propriété, égale répartition de l'impôt et des charges publiques?

Le premier principe du droit commun de la France constitutionnelle, c'est la participation directe à l'exercice de la représentation nationale par le vote électoral et par le vote parlementaire, soumise à des conditions déterminées par la constitution et les lois existantes. Les habitants des colonies sont en mesure de remplir ces conditions, et ils osent se croire dignes de la prérogative qu'ils réclament. Elle est à leurs yeux, d'ailleurs, le point de départ de la politique qui doit les réintégrer dans l'unité nationale et amener la conciliation de toutes les difficultés préexistantes.

Français par le cœur autant que peuvent l'être les enfants les plus dévoués de la patrie, les habitants des colonies ne sont-ils pas encore plus Français par les mœurs, par le langage, qu'un grand nombre de leurs nouveaux concitoyens qu'ils ne regrettent point cependant de voir introduits dans le corps politique ?

Veuillez agréer, Messieurs les Sénateurs, l'assurance des respectueux hommages des soussignés. »

Nous donnons ici les deux modèles des adhésions à la pétition de M. le baron de Lareinty, adressées par les habitants de la Martinique. On pourra par leur texte même se convaincre des sentiments de la population à l'égard du délégué de la colonie et de l'initiative qu'il a prise au nom de la Martinique.

Martinique,   octobre 1865.

A M. le baron de Lareinty, délégué de la Martinique.

Monsieur le Délégué.

Le Conseil général, dans une de ses récentes séances, a donné à votre patriotisme un témoignage de sympathies. Cette manifestation a eu du retentissement dans la colonie. Nous venons, Monsieur le délégué, joindre notre voix à celle des membres de cette assemblée, pour vous remercier avec effusion de tout ce que vous a inspiré pour notre Martinique votre dévoûment sans bornes, comme représentant et comme citoyen.

Continuez votre œuvre avec résolution, nos sympathies et notre reconnaissance vous sont acquises et vous accompagnent dans tous vos actes.

Recevez-en ici l'assurance et veuillez agréer l'expression de nos sentiments les plus distingués.

ILE MARTINIQUE.

Adresse au Sénat.

Messieurs les Sénateurs,

Monsieur le baron de Lareinty, délégué de la Martinique, dans une pétition qu'il a eu l'honneur de vous adresser le 1er juin dernier, réclame pour les colonies françaises leur assimilation à la Métropole, en ce qui concerne le régime politique et administratif, ainsi que le rétablissemeut du suffrage universel.

Les soussignés, domiciliés dans la commune d. . . . . , île de la Martinique, viennent à leur tour appuyer auprès de vous, Messieurs les Sénateurs, de leur plus complète et de leur plus vive adhésion, la réclamation de leur délégué.

Français par le territoire, par leurs idées, par leur invariable attachement et leur constant dévoûment envers la mère-patrie et envers la dynastie qui règne si glorieusement sur elle, les habitants de la Martinique forment les vœux les plus ardents pour que cette pétition soit prise en considération par votre illustre assemblée, afin de devenir légalement, enfin, ce qu'ils ont toujours été par le cœur, c'est-à-dire de véritables citoyens français.

Convaincus que le suffrage universel sera le gage le plus certain et le plus durable de la concorde entre les diverses classes de la famille coloniale, les soussignés attendent avec une entière confiance votre décision, et se disent avec respect,

Messieurs les Sénateurs,

Vos très-humbles et très-obéissants serviteurs.

Ces deux sortes d'adhésions, revêtues des signatures d'un grand nombre d'habitants des diverses communes de la Martinique, ont été adressées à M. le baron de Lareinty, pour être, par ses soins, déposées au Sénat.

Les droits des Français d'outre-mer à être traités comme les autres Français du continent sont certains; leurs aspirations sont, par conséquent, légitimes. Il n'est pas possible, sans injustice, d'en ajourner la réalisation !

Paris. — Imp. de E. BRIÈRE, rue Saint-Honoré, 257.

67

www.ingramcontent.com/pod-product-compliance
Lightning Source LLC
Chambersburg PA
CBHW071657030726
47598CB00005B/2111